# BEI GRIN MACHT SICH IHR WISSEN BEZAHLT

- Wir veröffentlichen Ihre Hausarbeit,
  Bachelor- und Masterarbeit

- Ihr eigenes eBook und Buch -
  weltweit in allen wichtigen Shops

- Verdienen Sie an jedem Verkauf

## Jetzt bei www.GRIN.com hochladen und kostenlos publizieren

**Bibliografische Information der Deutschen Nationalbibliothek:**

Die Deutsche Bibliothek verzeichnet diese Publikation in der Deutschen National-bibliografie; detaillierte bibliografische Daten sind im Internet über http://dnb.d-nb.de/ abrufbar.

Dieses Werk sowie alle darin enthaltenen einzelnen Beiträge und Abbildungen sind urheberrechtlich geschützt. Jede Verwertung, die nicht ausdrücklich vom Urheberrechtsschutz zugelassen ist, bedarf der vorherigen Zustimmung des Verla-ges. Das gilt insbesondere für Vervielfältigungen, Bearbeitungen, Übersetzungen, Mikroverfilmungen, Auswertungen durch Datenbanken und für die Einspeicherung und Verarbeitung in elektronische Systeme. Alle Rechte, auch die des auszugsweisen Nachdrucks, der fotomechanischen Wiedergabe (einschließlich Mikrokopie) sowie der Auswertung durch Datenbanken oder ähnliche Einrichtungen, vorbehalten.

**Impressum:**

Copyright © 2019 GRIN Verlag
Druck und Bindung: Books on Demand GmbH, Norderstedt Germany
ISBN: 9783346048516

**Dieses Buch bei GRIN:**

https://www.grin.com/document/501696

Alexander Ley

# Big Data in der Logistik

## Anwendungsbereiche und offene Potenziale zur Verbesserung der Kundenerfahrung

GRIN Verlag

**GRIN - Your knowledge has value**

Der GRIN Verlag publiziert seit 1998 wissenschaftliche Arbeiten von Studenten, Hochschullehrern und anderen Akademikern als eBook und gedrucktes Buch. Die Verlagswebsite www.grin.com ist die ideale Plattform zur Veröffentlichung von Hausarbeiten, Abschlussarbeiten, wissenschaftlichen Aufsätzen, Dissertationen und Fachbüchern.

**Besuchen Sie uns im Internet:**

http://www.grin.com/

http://www.facebook.com/grincom

http://www.twitter.com/grin_com

Fakultät für Wirtschafts- und Rechtswissenschaften
Technischen Hochschule Köln

# Anwendungsbereiche von Big Data in der Logistik. Offene Potenziale zur Verbesserung der Kundenerfahrung

Alexander Ley

# Inhalt

# Tabellenverzeichnis

# Abbildungsverzeichnis

# 1 Einleitung

## 1.1 Relevanz des Themas

Big Data ist das Zusammenführen und Analysieren einer großen Zahl von Datensätzen aus unterschiedlichen Quellen, von unterschiedlicher Struktur und Qualität. Dies Geschieht in Echtzeit und zur Gewinnung eines Nutzen.

Betrachtet man den Hype Circle von Gartner, liegt Big Data bereits im Jahr 2013 im Mittelpunkt der Trendskala. Bis heute ist die Zahl der Logistikunternehmen, die komplexere Big Data-Technologien nutzen, sehr gering. Und das obwohl die Logistikbranche die geeigneten Grundvoraussetzungen bietet und die Potenziale durchaus vielversprechend sind.

Ziel dieser Ausarbeitung ist es Anwendungsbereiche für Big Data in der Logistik zu beschreiben und darüber hinaus noch offene Potenziale zur Verbesserung der Kundenerfahrung aufzuzeigen.

## 1.2 Struktur der Arbeit

Der Hauptteil dieser Ausarbeitung ist in drei Teile gegliedert. Der erste Teil befasst sich mit den theoretischen Grundlagen von Big Data. Durch die Klärung der grundlegenden Begriffe aus dem Big Data-Umfeld und der technischen Anforderungen sowie der datenschutzrechtlichen Herausforderungen, wird eine Basis für Kapitel 3 und 4 geschaffen.

Mit Hilfe des Grundlagenverständnisses können in Kapitel drei aktuelle Anwendungsbereiche beschrieben werden. Hierzu werden drei Fallbeispiele herangezogen. Kapitel 4 schließt den Hauptteil ab, indem es zwei Bereiche noch offener Potenziale zur Verbesserung der Kundenakzeptanz aufzeigt.

# 2  Grundlagen

## 2.1 Definition und Charakteristika von Big Data

Der Begriff Big Data bedeutet übersetzt „große Datenmengen". Damit wird aber nur seine offensichtlichste Eigenschaft beschrieben. In der Literatur sind viele verschiedene Definitionen zu finden. Der Grund für die Vielfalt ist der schnell voranschreitende technologische Wandel dem die Begriffsabgrenzung unterliegt. Die gängigste Definition stammt von Laney, Analyst der Gartner Inc.:

> *"Big Data is high-volume, high-velocity and/or high-variety information assets that demand cost-effective, innovative forms of information processing that enable enhanced insight, decision making, and process automation."*
> (Laney, 2011)

Neben Volume, Velocity und Variety haben sich Veracity und Value als weitere Kriterien herauskristallisiert, um die Begriffsabgrenzung zu verbessern:

(1) Volume: Big Data unter diesem Kriterium, sind Datensätze, die in ihrer Größe die Fähigkeit klassischer Datenbanksoftwaretools zur Erfassung, Speicherung, Verwaltung und Auswertung, übersteigen. Dieser Ansatz ist bewusst subjektiv formuliert, denn die Größe eines Datensatzes ist in Relation zum Anwendungsumfeld zu betrachten. Die Definition berücksichtigt, dass gemäß dem Mooreschen Gesetz[1] mit zunehmendem technologischen Fortschritt auch die Menge der Daten zunimmt. Zudem variieren die Leistungsfähigkeit der Softwareanwendungen und die Größe üblicher Datensätze je nach Branche. Vor diesem Hintergrund sind die heute als Big Data bezeichneten Datensätze im Mittel zwischen 30 Terabyte und mehreren Petabyte groß und können bis in den Zettabyte-Bereich reichen[2] (Fasel, 2016, S. 5-6).

**(2)** Velocity: Die Geschwindigkeit ist nicht nur im Hinblick auf die schnelle Erzeugung der Daten zu betrachten, sondern gemeint ist hierbei vor allem die Verfügbarkeit und Auswertung in Echtzeit (Adrian, 2011, S. 2).

Als Beispiel kann die Google-Suche genannt werden. Bei der Suche nach dem Begriff „logistik" schlägt die Suchmaschine, im durchgeführten Versuch, innerhalb von 0,52 Sekunden 87,9 Millionen Ergebnisse vor.

---

[1] Das Mooresche Gesetz ist eine Faustregel, die besagt, dass sich die Rechenkapazität im Schnitt alle 18 Monate verdoppelt. Hieraus wird abgeleitet, dass sich auch die produzierten Daten in etwa verdoppeln.

[2] 1 Terabyte = 1000 Gigabyte; 1 Petabyte = 1000 Terrabyte; 1 Zettabyte = 1 Millionen Petabyte

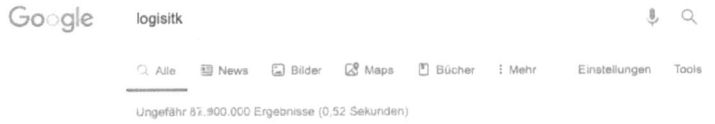

Abbildung 1: Google-Suchanfrage nach dem Begriff "logistik" (Quelle: Eigene Darstellung).

**(3)** Variety: Eine weitere Eigenschaft besteht in der Heterogenität der Datensätze. Da die Daten aus verschiedenen Quellen kommen, wie z.B. aus Sensoren, Online-Einkäufen oder sozialen Netzwerken unterscheidet sich auch das Format der Daten stark. Es stehen strukturierte, semi-strukturierte und unstrukturierte Datensätze als Grundlage bereit. Verstärkt wird die Vielfalt durch die zunehmende Vernetzung zwischen Mensch und Maschine und vor allem der Maschinen untereinander (Internet of Things) (Klein, et al., 2013, S. 25-27).

**(4)** Veracity: Die erzeugten Daten sind aufgrund der vielfältigen Herkunft oft ungenau oder unbestätigt. Um die Daten dennoch verwenden zu können, müssen die Unterschiede in ihrer Qualität mit bestimmten Algorithmen ausgeglichen bzw. berücksichtigt werden (Fasel, 2016, S. 6). Der Begriff der Vertrauenswürdigkeit kann auch auf den Anwender bezogen werden. Laut einer Studie von KPMG International vertrauen nur 22 Prozent der deutschen Unternehmen auf automatisiert generierte Daten, 70 Prozent fürchten sogar eine Verringerung ihrer Reputation bei Einsatz von Big Data-Technologien (KPMG International, 2016, S. 7).

**(5)** Value: Der Einsatz von Big Data Anwendungen soll einen Mehrwert für das Unternehmen bringen, insbesondere den Unternehmenswert steigern. Hierzu reicht nicht das alleinige Sammeln von Daten. Ein Mehrwert kann nur geschaffen werden, wenn die Daten mit dem Zielvorhaben korrelieren und effektiv analysiert werden können (Bachmann et al., 2014, S. 26). Der Begriff der Wertschaffung wird zudem auf neue Geschäftsmodelle bezogen, in denen die Daten nicht intern verwendet, sondern an Dritte weitergereicht werden. Wenn Facebook zum Beispiel Nutzerdaten zu Marketingzwecken verkauft, werden die Datensätze selber zum Produkt (Hoffmann, 2019).

## 2.2 Datenherkunft

Als Ursprung der Daten kann grundsätzlich jede Regung und jeder Impuls dienen. Voraussetzung ist die Anwesenheit von Sensorik, Software oder anderen Erfassungssystemen, die das Wahrgenommene in digitalisiertes Wissen umwandeln (Evsan, 2019).

Rossa uns Holland geben einen Überblick über die wesentlichen Datenquellen und veranschaulichen deren Vielfältigkeit und Komplexität. Sie unterscheiden Unternehmensdaten, unstrukturierte Daten aus sozialen Netzwerken, Daten aus Sensoren und Apps von Smartphones, Selbstbeobachtungen, öffentliche kostenlos zugängliche Daten und Daten aus Sensoren im Zusammenhang mit dem Internet of Things:

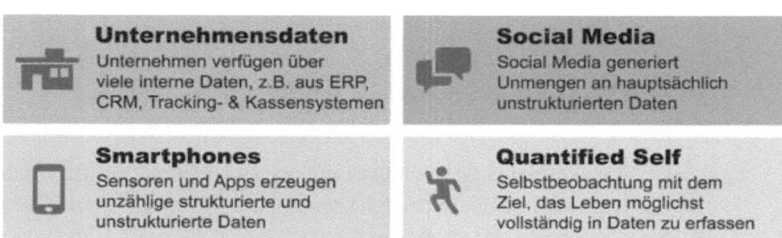

**Unternehmensdaten**
Unternehmen verfügen über viele interne Daten, z.B. aus ERP, CRM, Tracking- & Kassensystemen

**Social Media**
Social Media generiert Unmengen an hauptsächlich unstrukturierten Daten

**Smartphones**
Sensoren und Apps erzeugen unzählige strukturierte und unstrukturierte Daten

**Quantified Self**
Selbstbeobachtung mit dem Ziel, das Leben möglichst vollständig in Daten zu erfassen

**Open Data**
Daten der öffentlichen Verwaltung und von Firmen sollen frei und kostenlos zugänglich sein.

**Sensoren/ Internet der Dinge**
Das Internet umfasst zunehmen auch Dinge und deren Daten

Abbildung 2: Die wesentlichen Quellen von Big Data (Quelle: Rossa, P., Holland, H. (2014) S. 260)

Auf diesen Wegen ist im Jahr 2018 eine digitale Datenmenge von etwa 33 Zettabyte entstanden. Die Prognose für das Jahr 2025 liegt bei 175 Zettabyte, bei mehr als dem Fünffachen (Reinsel, et al., 2018, S. 3).

## 2.3 Technische Vorrausetzungen

Zum Integrieren, Speichern, Verarbeitern, Analysieren und Darstellen dieser großen und vielfältigen Datenbestände sind neben den bekannten Business-Intelligence-Ansätzen neue Methoden entstanden. Der Technologieeinsatz ist hierbei von den Anforderungen und Problemstellungen in den Unternehmen abhängig. Entsprechend vielfältig ist das Softwareangebot auf dem Markt (Weiss, 2017, S. 17).

Im Bereich der Datenintegration muss vor allem auf die hohe Geschwindigkeit (vgl. Kapitel 2.2) und die Handhabbarmachung der polystrukturierten Daten eingegangen werden. Die neuen Datenformate müssen in bestehende Strukturen eingebettet werden ohne Informationenverluste zu erleiden. Etablierte Frameworks für die Integration sind Apache Hadoop der Apache Software Foundation und Apache Spark, entstanden am AMPLab der University of California (Fasel, 2016, S. 124).

Zur Speicherung und leistungsfähigen Verarbeitung von Big Data sind Dateisysteme wie HDFS[3] von Apache Hadoop und NoSQL-Datenbanken[4] notwendig. NoSQL benötigen keine festgelegten Tabellenschemata und sind horizontal skalierbar. Mit diesen Techniken kann neben strukturierten bzw. semi-strukturierten Daten auch unstrukturiertes Material gespeichert und verarbeitet werden. Die Daten sind zudem auf verteilten

---

[3] Hadoop Distributed File System

[4] Not-onlySQL

Dateisystemen gespeichert. Diese Dezentralisierung ermöglicht die Speicherung der enormer Datenmengen und erhöht zusätzlich die Ausfallsicherheit durch Redundanz der Dateien (Fasel, 2016, S. 111-113).

Eine wesentliche Komponente der Datenverarbeitung und Analyse ist der MapReduce-Ansatz. Die von Google entwickelte Technologie ermöglicht die Parallelverarbeitung der großen Datenmengen auf dezentralen Systemen. Hierzu wird eine Aufgabe in möglichst kleine Teile zerlegt, zur parallelen Verarbeitung auf die verteilten Rechner geschickt und anschließend als Ergebnis wieder zusammengeführt (ten Hompel & Weiss, 2018, S. 16-20).

Eine weitere Methode zur schellen Verarbeitung und Analyse ist das In-Memory-Computing. Hierbei werden die Daten direkt im Arbeitsspeicher des Rechners hinterlegt und nicht in Datenbanken oder auf Festplatten wie üblich. Dies ermöglicht eine enorm höhere Zugriffsgeschwindigkeit, da zum Abrufen der Daten keine weiteren Transaktionen notwendig sind und die Abrufgeschwindigkeit nicht zusätzlich von der Netzwerk- bzw. Festplattengeschwindigkeit limitiert wird. Als Software hat sich für das In-Memory-Computing unteranderem das SAP-Tool SAP HANA bewährt (ten Hompel & Weiss, 2018, S. 16-20).

Die Darstellung von Big Data ist nicht nur notwendig, um die gewonnen Erkenntnisse in ästhetischer Form zu präsentieren. Aufgrund der großen Datenmengen sind Zusammenhänge und Muster oft erst nach der visuellen Aufbereitung sichtbar. Die Darstellung ist also insbesondere ein Teilprozess der Analyse und der Interpretation von Big Data. Etablierte Softwareanwendungen sind unteranderem D3.js von den Entwicklern Bostock und Davies, Google Charts und SPSS von IBM (Evsan, 2019).

## 2.4 Soziale und rechtliche Herausforderungen

Da neben Maschinendaten auch personenbezogene Daten erhoben werden, wirft die Anwendung von Big Data-Technologien neue soziale, moralische und ethnische Fragen auf. Durch das Erfassen und Auswerten von großen Datenmengen aus bisher als kritisch geltenden Quellen, wir beispielsweise sozialen Netzwerken, wird in die Privatsphäre von Personen eingedrungen. So entsteht bei Privatpersonen schnell der Eindruck von Staat und Unternehmen umfänglich überwacht zu werden. Gleichzeitig steigt das Misstrauen gegenüber dem Einsatz von Big Data und auch die Kundenbindung kann Schaden nehmen (Freytag, 2014, S. 103-104).

Die Problematik verschärft sich, da die Privatsphäre inzwischen überwiegend vor dem Hintergrund des Nutzungsinteresses an personenbezogenen Daten von Dritten betrachtet wird. Dies spiegelt sich auch in der Meinung der Deutschen über die Freigabe persönlicher Daten im Austausch für Vorteile oder Prämien wieder: In einer Umfrage des GfK wurden mehr als 22.000 Personen ab 15 Jahren aus 17 Ländern befragt, wie sehr sie einem solchen Tausch zustimmen würden. Demnach lehnen in Deutschland insgesamt 40 Prozent der Onlinebefragten ab, persönliche Daten im Austausch für Vorteile oder Prämien zu teilen. Nur 12 Prozent würden diese offenlegen (Richter, 2017, S. 2).

Das Umfrageergebnis kann unteranderem auch als Folge der unterschiedlichen Rechtsprechung im internationalen Raum in Bezug auf den Datenschutz gewertet werden. Eine Vereinheitlichung auf europäischer Ebene bietet erst die am 25. Mai 2018 in Kraft getretene Datenschutzgrundverordnung (DSGVO).

Da sich nahezu jeder Artikel der DSGVO auf Big Data beziehen lässt, konzentriert sich der folgende Abschnitt auf zwei wesentliche Problematiken:

Artikel 5 der DSGVO besagt, dass personenbezogene Daten dem Zweck angemessen und auf das für die Zwecke der Verarbeitung notwendige Maß eingeschränkt sein müssen. Der Artikel steht im Widerspruch zu dem aktuell praktizierten Anwenderbild von Big Data, welches sich besonders aufgrund der Massen an Daten Ergebnisse erhofft (Schonscheck, 2019, S. 3).

Um das Datenrisiko weiter zu minimieren besagt Artikel 35 der DSGVO: „Hat eine Form der Verarbeitung, insbesondere bei Verwendung neuer Technologien, aufgrund der Art, des Umfangs, der Umstände und der Zwecke der Verarbeitung voraussichtlich ein hohes Risiko für die Rechte und Freiheiten natürlicher Personen zur Folge, so führt der Verantwortliche vorab eine Abschätzung der Folgen der vorgesehenen Verarbeitungsvorgänge für den Schutz personenbezogener Daten durch." (DSGVO Art. 35 Satz 1). Ferner hat gemäß Artikel 35 jedes Unternehmen, das Big Data-Technologien einsetzt eine Datenschutzfolgeabschätzung (DSVA) durchzuführen, wenn es personenbezogene Daten aus verschiedenen Quellen zur Verarbeitung zusammenführt und dies in großem Umfang, für die betroffenen Personen nicht nachvollziehbar und zur Entdeckung vorher unbekannter Erkenntnisse aus vorher nicht bestimmtem Zweck praktiziert (Schonscheck, 2019, S. 3-5). Auch diese Norm wird von der zurzeit gängigen Big Data-Praxis nur in seltenen Fällen erfüllt.

Die erfolgversprechendste Methode, mit der beide Gesetzeskonflikte geschlichtet werden könnten, ist die Datenminimierung. Bei diesem Ansatz wird im Vorhinein der Zweck für das Datensammeln festgelegt. Auch die Verarbeitung erfolgt diesem Zweck entsprechend. Die Zusammenführung und Verarbeitung findet nach diesen Grundregeln meist nicht in großem Umfang statt und bleibt für die Betroffenen leichter nachvollziehbar. So werden nicht nur die Anforderungen aus Artikel 5 DSGVO erfüllt, sondern es muss auch keine DSVA durchgeführt werden. Zusätzlich birgt der Ansatz einen wirtschaftlichen Nutzen. Durch die minimierten Datenmengen wird wertvoller Speicherplatz eingespart (Schonscheck, 2019, S. 3-5).

Die aufgeführten sozialen und rechtlichen Aspekte machen es dennoch notwendig das Thema Big Data kontrovers zu diskutieren.

# 3 Anwendungsbereiche in der Logistik

In der Logistik sind zunächst alle Daten zu Ereignissen wertvoll, die einen Einfluss auf die Lieferkette haben. Um qualitative Daten zu erhalten, die eine zielgerichtete Analyse ermöglichen, ist es dennoch wichtig Frage- und Problemstellungen im Vorhinein zu formulieren. Grundlage für die Datengenerierung ist anschließend das Definieren von geeigneten Messpunkten. In der Logistik wird dieser Schritt durch die vorhandene Vernetzung verschiedener Systemteilnehmer maßgeblich unterstützt. Sensoren in Fahrzeugen, Umschlagshallen und Lagern, sowie mobile Endgeräte von Transporteuren, Fahrern und übrigem operativem Personal bilden bereits ein dichtes Netzwerk von Datenquellen. Beim Transport entstehen zusätzlich Daten über beispielsweise den Standort, die Beladung, die Temperatur im Frachtraum, das Fahrverhalten und den Verbrauch. Mit Hilfe geeigneter Integrations- und Analysemethoden entsteht auf dieser Basis ein flächendeckendes Bild über die Logistikprozesse (Renger, 2018).

Im Folgenden werden drei Fallbeispiele zum Einsatz von Big Data-Technologien beschrieben. Die Geschäftsmodelle werden jeweils im Hinblick auf die Datensicherheit am Beispiel der Artikel 5 und 35 der DSGVO, den Mehrwert für die Kundenerfahrung im Verhältnis zum Nutzen für das Unternehmen betrachtet. Die Kosten für den Einsatz der Big Data-Technologien werden nicht berücksichtigt.

## 3.1 DHL Last Mile

DHL setzt seit 2013 auf den Einsatz von Big Data um den Zustellweg auf der letzten Meile[5] zu optimieren. Hierfür passt das Unternehmen die Zustellrouten der einzelnen Lieferfahrzeuge in Echtzeit an, mit dem Ziel möglichst viel Zeit einzusparen. Die Grundlage für die Berechnungen bilden die im Fahrzeug befindlichen Päckchen und Pakete. Der aktuelle Bestand wird beim Ein- und Ausladen mit Handscannern erfasst. Dem System sind jederzeit alle verbleibenden Auslieferziele bekannt und so kann es nach jedem Scanvorgang die optimale Lieferfolge neu berechnen. Während der Fahrt werden zusätzlich Telematikdatenbanken abgefragt, um die Lieferwege den aktuellen Verkehrsbedingungen anzupassen. Auch Kundendaten werden in den Berechnungsprozess einbezogen: Die intelligente Routenplanung berücksichtigt die vom Empfänger hinterlegten Informationen zu Anwesenheit und Standort, um erfolglose Zustellungen zu vermeiden. Das Ergebnis der Verarbeitung und Analyse dieser korrelierten Ereignisströme führt zur sofortigen Aktualisierung der Wegbeschreibung im Navigationssystem des Fahrzeugs. Das System ist hierbei auch in der Lage Entscheidungen zu treffen. Es ist beispielsweise in der Lage situativ abzuwägen, ob es als sinnvoller erscheint einen Zustellversuch außerhalb des vom Empfängers hinterlegten Zeitfensters zu versuchen oder alternativ zu späterem Zeitpunkt eine längere Wegstrecke zurückzulegen. Hierzu werden

---

[5] Der Begriff „letzte Meile" stammt aus der Telekommunikationsbrache und beschreibt den letzten Abschnitt eines Telekommunikationsnetzes bevor es den Kunden erreicht. Im Logistiksektor ist die letzte Meile eine Metapher für den letzten Teil in der Lieferkette, an dessen Ende das Gut an den Kunden übergeht (Jeske, et al., 2017).

Informationen aus vergangenen Zustellungen gespeichert. Zur technischen Realisierung der Prozesse nutzt DHL ein Framework von Apache Hadoop (Jeske et al., 2017, S. 16).

Mit dem Einsatz von Big Data-Technologien optimiert DHL in diesem Beispiel einen der teuersten Lieferkettenabschnitte und kann so Kosten einsparen. Durch insgesamt kürzere Wege und reduzierte Fahrzeugstunden sind direkte Ersparnisse bei Fahrzeugabnutzung, Treibstoffverbrauch und Arbeitsstunden möglich. Die Kundenerfahrung wird durch die Optimierung nicht verbessert, da es trotzdem zu Verspätungen und erfolglosen Zustellversuchen kommen kann. Das Datenrisiko ist gering, insbesondere die Artikel 5 und 35 der DSGVO werden eingehalten. DHL erhebt sämtliche Kundendaten zweckgebunden und in angemessenem Umfang. Somit muss keine DSVA erfolgen. Die Telematik- und Verkehrsdaten sind anonymisiert und unterliegen nicht dem Datenschutz (Jeske et al., 2017, S. 16).

## 3.2 Soloplan CarLo® exCHANGE

Soloplan ist ein auf Logistik- und Speditionssoftware spezialisiertes Startup aus Kempten. Die Machine-Learning-Komponente CarLo® exCHANGE nutzt Big Data Technologie, um Disponenten dabei zu unterstützen, passende Transporteure zu finden. „Die Idee hinter CarLo® exCHANGE war, eine Möglichkeit für unsere Kunden zu schaffen, sich in Echtzeit auszutauschen - quasi gemeinsam in einem System zu arbeiten – unabhängig von den jeweiligen Transportmanagement- oder ERP-Lösungen." (Heidl, 2019). Die Software arbeitet hierzu auf grundlegender Ebene wie ein soziales Netzwerk. Disponenten können sich gegenseitig einladen, miteinander kommunizieren, Geschäftsbeziehungen aufbauen und pflegen. Über die Plattform können dann Transportaufträge und -angebote ausgetaucht werden. Neben dieser manuellen Netzwerkmöglichkeit, gibt es automatisierte Lösungen. Unternehmen können ihre ERP-Daten zur Verfügung stellen und ihre Flottenfahrzeuge bei Soloplan registrieren. Die Software ist dann in der Lage Informationen über Beladung, Position und Route zu verarbeiten. So können Angebote und Aufträge automatisch zusammengeführt werden. Darüber hinaus werden maschinelle Angebote generiert, wenn erkannt wird, dass auf passenden Routen Kapazitäten zur Verfügung stehen. Im selben Schritt wird ein Vertrag erstellt, der von den zusammengeführten Interessenten digital unterschrieben werden kann. Bei Vertragsschluss werden alle auftragsrelevanten Dokumente über die Plattform ausgetauscht. Diese Prozessautomatisierung führt zu Zeitersparnissen und geringerer Fehlerquote bei der Auftragserfassung (Bousonville, 2016, S. 31).

Um das Fallbeispiel vergleichbar zu machen wird der Unternehmensmehrwert bei den Unternehmen betrachtet, die CarLo® exCHANGE verwenden. Eine mögliche Verbesserung der Kundenerfahrung wird bei den Kunden der Disponenten gesucht.

Durch die Zeitersparnis und sichereren Abläufe sind Unternehmen mit dem Einsatz der beschriebenen Plattform in der Lage effizientere Prozesse zu gestalten und Kosten für Organisation und Arbeitsstunden einzusparen. Hiervon profitiert auch die Kundenseite, da eine schnellere Lieferung zu günstigeren Konditionen realisiert werden kann.

Die Vorschriften der DSGVO werden ebenfalls berücksichtigt. Die Datenerhebung erfolgt zweckgebunden und dient ausschließlich dem Nutzen der Betroffenen. Zudem bleibt die Datenverwendung für diese nachvollziehbar. Somit muss auch keine DSVA stattfinden.

## 3.3 Averitt Express

Averitt Express ist ein US-amerikanisches Transportunternehmen mit Sitz in Tennessee. Seit 2014 setzt es eine Analysesoftware ein, um mittels Fahrzeug- und Fahrerdaten flottenbezogene Unfälle und Personalschwankungen zu reduzieren. Hierzu werden Daten aus in Fahrzeugen verbauten Sensoren, zum Beispiel Bremsverhalten, Beschleunigung, Kurvenfahrverhalten und Aufmerksamkeitssensoren, aus Fahrtenbüchern, Dispositionssystemen, Wartungs- und Kraftstoffsystemen, Personalakten und ERP-Daten gesammelt. Hinzu kommen circa 4500 externe Datenquellen wie Datenbanken über Mitarbeiterzufriedenheiten, Vergleichsgehälter und Verkehrsinformationen. Die Informationen werden anschließend mit Algorithmen auf Basis von IBM PureData® verarbeitet. Die Software kann auf diesem Weg für jeden Fahrer vorhersagen, ob auf den nächsten 20 Kilometern eine erhöhte Unfallgefahr besteht. Jeder Fahrer wird in mehreren Schlüsselfaktoren bewertet (IBM Cooperation, 2016). Als Beispiel für die Kategorien nennt der Hersteller der von Averitt Express verwendeten Analysesoftware gefahrene Kilometer, Schlafmöglichkeiten und Gehälter im Vergleich zum Unternehmensdurchschnitt (Omnitracs, 2019).

Fällt in der Bewertung ein erhöhtes Unfallrisiko auf, wird der Fahrer durch Push-Mitteilungen auf seinem Smartphone benachrichtigt. Die Mitteilungen enthalten Aufforderungen zum Einlegen einer Pause oder Daten über das aktuelle Fahrverhalten, gekoppelt mit Informationen zu den Folgen von gefährlichem Verhalten im Straßenverkehr oder aggressiver Fahrweise. Darüber hinaus hat sich die Software bewährt, um langfristige Faktoren zu erkennen, die den Fahrer negativ beeinflussen. Durch das Abgleichen der Daten mit Vergangenheitswerten können Probleme im sozialen Umfeld identifiziert werden. Averitt Express hat durch den Einsatz der Big Data-Lösungen die Häufigkeit der Unfälle um 20 Prozent bei leichten Unfällen und um circa 80 Prozent bei schweren Unfällen gesenkt. Indem das Unternehmen zusätzlich auf die sozialen Störfaktoren eingeht hat sich die Mitarbeiterbindung der Fahrer um circa 30 Prozent verbessert. Durch vorausschauendes Fahren ist zudem eine Kraftstoffersparnis von circa 15 Prozent realisiert worden (IBM Cooperation, 2016).

Durch die Senkung der Unfallzahlen und die Verbesserung der Mitarbeiterbindung spart das Unternehmen neben Kraftstoffkosten Instandsetzungs-, Risiko-, bzw. Versicherungs- und Personalbeschaffungskosten. Eine Verbesserung der Kundenerfahrung findet indirekt statt, wenn die Einsparungen die Transportpreise senken.

Averitt Express verstößt mit der beschriebenen Praxis gegen jegliche Datenschutzrichtlinien. Es werden personenbezogene Daten in großem Umfang zusammengeführt und verarbeitet. Im europäischen Raum im Rahmen der DSGVO ist dieses Geschäftsmodell nicht durchführbar.

## 3.4 Zusammenfassung

Die Tabelle fasst die Beobachtungen zu den eingangs genannten Kriterien zusammen. Die Kundenerfahrung wird an den sieben Begriffen des Marketing-Mix für Dienstleistungen betrachtet. Findet durch den Einsatz von Big Data-Technologie eine Verbesserung statt, wird die jeweilige Kategorie markiert („x"):

Tabelle 1: Zusammenfassung der Fallbeispiele

| | | DHL Last Mile | CarLo® exCHANGE | Averitt Express |
|---|---|---|---|---|
| Mehrwert für das Unternehmen | | x | x | x |
| Kundenerfahrung | Produktpolitik | | | |
| | Preispolitik | x | x | x |
| | Kommunikationspolitik | | | |
| | Distributionspolitik | | x | |
| | Personal | | | |
| | Prozess | | | |
| | Ausstattungspolitik | | | |
| DSGVO | Zweckgebunde Erhebung | x | x | |
| | Keine Weitergabe personenbezogener Daten an Dritte | x | x | |
| | Erhebung in angemessenem Umfang | x | x | |

# 4 Verbesserung der Kundenerfahrung durch Big Data

Trotz der vielfältigen Möglichkeiten und der vorhandenen Infrastruktur nutzen nur acht Prozent der deutschen Logistik- und Transportunternehmen fortgeschrittene Big Data-Analysetechnik. Die Anwendung beschränkt sich hauptsächlich auf die Vernetzung mit anderen Unternehmen und die Prozessoptimierung. Die Logistikbranche liegt damit 22 Prozent hinter der Automobilindustrie (KPMG International, 2016, S. 9)

Die Fallbeispiele haben verdeutlicht, dass Unternehmen dank Big Data-Anwendungen die Möglichkeit haben, ihre Preis- und Konditionenpolitik dem Kunden entsprechend anzupassen.

Um die Kundenerfahrung in der Logistikbranche zu verbessern, zeigen insbesondere das Kundenbindungsmanagement und die Produktpolitik durch kontinuierliche Serviceverbesserung und Produktinnovationen offene Potenziale.

## 4.1 Kundenbindungsmanagement

In den meisten Geschäftsmodellen der Logistikbranche ist es teurer einen neuen Kunden zu gewinnen, als einen bestehenden Kunden zu halten. Der einzelne Kunde verliert bei wachsendem Unternehmen, durch Apps und Internetlösungen ohne direkten Kontakt seine Individualität. Ferner wird es schwieriger die Zufriedenheit einzelner Kunden zu verfolgen bzw. zu bewerten. Die Entwicklung wirksamer Programme zur Kundenbindung gestaltet sich daher zunehmend schwierig (Rossa & Holland, 2014, S. 272).

Big Data-Technologie kann dieses Problem lösen: Die Kombination mehrerer Datenströme ermöglicht eine umfassende Bewertung der Kundenzufriedenheit. „Aus den Kundenkontakten ergeben sich etwa Reaktionen auf Vertriebs- und Marketingaktivitäten, Kundendienstanfragen und Einzelheiten aus dem Beschwerdemanagement. Diese digitalen Aufzeichnungen über den Kunden werden mit Daten aus dem Logistiknetzwerk, also Statistiken über Transportvolumen und erhaltene Servicequalität, korreliert. Und schließlich erzählt auch das Internet Kundengeschichten: Öffentlich verfügbare Informationen von Nachrichtenagenturen, aus Geschäftsberichten und Aktienportalen und sogar Stimmungen aus sozialen Medien ergänzen die internen Kenntnisse über einzelne Kunden." (Jeske et al., 2017, S. 19). Hinzu kommen Methoden wie semantische Textanalyse, Spracherkennung und Mustererkennung. Reduziert ein Kunde beispielsweise sein Transportvolumen und stellt gleichzeitig auf seiner Homepage einen Bericht zu gestiegen Verkaufszahlen ein, kann eine Auffälligkeit festgestellt werden. Zudem zeigen die Lieferdaten, dass bei den letzten Lieferungen an den Kunden der Liefertermin vermehrt nicht eingehalten wurde. Aus dem Gesamtzusammenhang wird deutlich, dass Maßnahmen zur Kundenbindung erforderlich sind (Jeske et al., 2017, S. 19).

Die Geschäftsbeziehung besteht meist zwischen dem Logistikdienstleister und dem Versender. Nichtsdestotrotz ist es sinnvoll auch den Empfänger in das Kundenbindungsmanagement einzubeziehen, da diese direkt von der Servicequalität betroffen sind. Die Meinung des Empfängers trägt so maßgeblichen zur Entscheidungsgrundlage des

Versenders, bei der Auswahl einer Spedition, bei. Das Einbeziehen des Empfängers erfordert die Verarbeitung noch größerer Datenmengen, insbesondere in Business-to-Consumer-Märkten. Ebenfalls ist eine engere Zusammenarbeit mit dem Versender erforderlich, um an die benötigten Datenquellen zu gelangen (Jeske et al., 2017, S. 19). Die DSGVO schränkt diese Praxis jedoch ein: Gemäß Artikel 6 DSGVO muss der Empfänger der Weitergabe seiner Daten zustimmen (Art. 6 Abs. 1 lit. f DSGVO).

## 4.2 Kontinuierliche Serviceverbesserung und Produktinnovation

Neben Aussagen zur Servicequalität, liefert das Kundenfeedback Einschätzungen zu den Erwartungen und Ansprüchen des Marktes. Als Instrument der Marktforschung minimiert Big Data das Risiko, neue Dienstleistungen nicht den Marktanforderungen entsprechend zu konstruieren und hilft dabei bereits etablierte Angebote enger an aktuellen und zukünftigen Kundenbedürfnissen auszurichten. Hierzu werden Daten aus CRM-Systemen und Kundenbefragungen verarbeitet. Hinzu kommt eine Vielzahl an Quellen aus dem öffentlichen Internet. Hierzu zählen Beiträge in sozialen Medien, unabhängige Bewertungsportale und andere Portale inklusive abgegebener Kommentierungen. Text-Mining und semantische Analysen ermöglichen das systematische Zusammenführen der relevanten Datensätze aus diesen Quellen. Möglich sind diese Verfahren seitdem die Benutzergruppe des Internets die gesamte Bevölkerung ausreichend repräsentiert (Rossa & Holland, 2014, S. 270-273).

Da die Datenmassen aus den öffentlichen Internetquellen anonymisiert verarbeitet werden, ist der Big Data-Einsatz an dieser Stelle datenschutzrechtlich unbedenklich.

# 5 Fazit

Mit fortschreitender Digitalisierung und der damit verbundenen exponentiell wachsenden Menge an gesammelten Daten wird auch die Relevanz von Big Data in Zukunft weiter steigen. Big Data nutzt den Unternehmen jedoch nur etwas, wenn die Informationen richtig analysiert werden können. Durch die gute Vernetzung und Technisierung zeigt die Logistikbranche ideale Voraussetzungen. Aktuell nutzen jedoch nur acht Prozent der deutschen Transport- und Logistikunternehmen den Einsatz von Big Data-Technologien. Der Einsatz dient hierbei vor allem den Unternehmen, indem er Prozesse effizienter gestaltet und Kosten einspart. Eine Verbesserung der Kundenerfahrung durch Big Data findet nur in geringem Umfang statt. Und das, obwohl schlechtes Kundenfeedback ein häufiger Grund zum Wechsen des Logistikpartners ist. Offene Potenziale, um die Kundenerfahrung zu verbessern, zeigen sich insbesondere im Kundenbindungsmanagement und im Bereich des kontinuierlichen Verbesserungsprozess. Big Data-Tools können Daten aus dem öffentlichen Internet analysieren und so Quellen bearbeiten, die für die Marktforschung vorher aufgrund ihrer Größe unerschlossen waren.

Abschließend kann festgehalten werden, dass die Ausarbeitung einer Big Data-Strategie für jedes Unternehmen sinnvoll ist, um die Kundenerfahrung zu verbessern. Als Ansatz, um die vielfältigen Möglichkeiten zu strukturieren, können die sieben P´s des Dienstleistungsmarketings herangezogen werden.

# Literaturverzeichnis

Adrian, M. (2011). *It's going mainstream, and it's your next opportunity.* Teradata Magazine, 1. Ausgabe, S. 2.

Bachmann, R., Kemper, G. & Gerzer, T. (2014). *Big Data - Fluch oder Segen?: Unternehmen im Spiegel gesellschaftlichen Wandels,* s.l.: mitp-Verlag, S. 26-30.

Bousonville, T. (2016). *Logistik 4.0: Die digitale Transformation der Wertschöpfungskette.* Wiesbaden: Springer Gabler, S. 31.

Evsan, I. (2019). *Big Data Blog. Abgerufen am* 10. Juli 2019 von https://bigdatablog.de/big-data/.

Fasel, D. (2016). *Definition von Big Data. In: Big Data. Grundlagen, Systeme und Nutzungspotenziale.* Wiesbaden: Springer Vieweg, S. 5-6, 111-113, 124.

Freytag, J.-C. (2014). *Grundlagen und Visionen großer Forschungsfragen im Bereich Big Data.* Informatik Spektrum, 1. Ausgabe, S. 103-104.

Heidl, W. (2019). *Soloplan.* Abgerufen am 27. Juli 2019 von https://www.soloplan.de/carlo-exchange/#Logistikplattform.

Hoffmann, D. (2019). *Produktion.de.* Abgerufen am 17. Juli 2019 von https://www.produktion.de/digital-manufacturing/warum-daten-kuenftig-als-produkt-begriffen-werden-muessen-380.html.

IBM Cooperation (2016). FleetRisk Advisors drives business growth with rapid, scalable analytics. Abgerufen am 27. Juli 2019 von https://www.ibm.com/downloads/cas/5NYP24PW.

Jeske, M., Grüner, M. & Weiß, F. (2017). *A DHL perspective on how to move beyond the hype,* Bonn: T-Systems International GmbH, S. 16, 19.

Klein, D., Tran-Gia, P. & Hartmann, . M. (2013). *Big Data.* Informatik Spektrum, 3. Ausgabe, S. 25-27.

KPMG International, 2016. *Building trust in analytics. Breaking the cycle of mistrust in D&A,* s.l.: s.n., S. 7; 9.

Laney, D. (2011). *Gartner IT Glossary.* Abgerufen am 17. Juli 2019 von https://www.gartner.com/it-glossary/big-data/.

Omnitracs (2019). *Omnitracs Fleet Safety Solutions.* Abgerufen am 25. Juli 2019 von https://www.omnitracs.com/need/fleet-safety.

Reinsel, D., Gantz, J. & Rydning, J. (2018). *The Digitization of the World. From Edge to Core,* S. 3.

Renger, F. (2018). *BVL-Blog.* Abgerufen am 25. Juli 2019 von https://www.bvl.de/blog/big-data-bringen-die-logistik-in-bewegung/.

Richter, J. (2017). *Deutsche behalten persönliche Daten lieber für sich,* GfK, Nürnberg, S. 2.

Rossa, P., Holland, H. (2014). *Big-Data-Marketing-Chancen und Herausforderungen für Unternehmen. In: Digitales Dialogmarketing.* Wiesbaden: Springer Gabler, S. 270-273.

Schonschek, O. (2019). *Big Data und Datenschutz,* Augsburg: Vogel IT-Medien, S. 3-5.

ten Hompel, M., Weiss, U. (2018). *Big Data gezielt nutzen. Software in der Logisitk,* Band 3, S. 16-20.

Weiss, U. (2017). Der Datenschatz im See in: *Logisitk Praxis. Software in der Logistik, 4. Ausgabe,* S. 17.

# BEI GRIN MACHT SICH IHR WISSEN BEZAHLT

- Wir veröffentlichen Ihre Hausarbeit, Bachelor- und Masterarbeit

- Ihr eigenes eBook und Buch - weltweit in allen wichtigen Shops

- Verdienen Sie an jedem Verkauf

## Jetzt bei www.GRIN.com hochladen und kostenlos publizieren